Coleção APRENDER

TA-TU

BO-LA

ALFABETO
Sílabas e palavras

SA-PO

MA-ÇÃ

Ciranda Cultural

Ficha catalográfica

Dados Internacionais de Catalogação na Publicação (CIP) de acordo com ISBD

P364a   Pecand, Kátia

            Alfabeto - Sílabas e palavras / Kátia Pecand ; ilustrado por Shutterstock. - Jandira, SP : Ciranda Cultural, 2022.

            96 p. : il. ; 20,10cm x 26,80cm. (Aprender).

            ISBN: 978-85-380-9939-0

            1. Educação infantil. 2. Alfabetização. 3. Caligrafia. 4. Língua portuguesa. 5. Coordenação motora. 6. Aprendizado. 7. Cartilha. I. Shutterstock. II. Título. III. Série.

2022-0542   CDD 372.2
                                                                          CDU 372.4

Elaborado por Lucio Feitosa - CRB-8/8803

Índice para catálogo sistemático:
1. Educação infantil : livro didático 372.2
2. Educação infantil : livro didático 372.4

© 2022 Ciranda Cultural Editora e Distribuidora Ltda.
Texto: Kátia Pecand
Preparação: Paloma Blanca A. Barbieri
Revisão: Lígia Arata Barros e Maitê Ribeiro
Ilustrações: Shutterstock
Diagramação: Jarbas C. Cerino

1ª Edição em 2022
7ª Impressão em 2025
www.cirandacultural.com.br

Todos os direitos reservados. Nenhuma parte desta publicação pode ser reproduzida, arquivada em sistema de busca ou transmitida por qualquer meio, seja ele eletrônico, fotocópia, gravação ou outros, sem prévia autorização do detentor dos direitos, e não pode circular encadernada ou encapada de maneira distinta daquela em que foi publicada, ou sem que as mesmas condições sejam impostas aos compradores subsequentes.

Créditos das ilustrações: Shutterstock, capa = TWIN DESIGN STUDIO, Aletheia Shade; miolo = 3, 4, 8, 10, 11, 14, 34, 35, 52, 53, 72, 87, 92 = Lyudmy Kharlamova; 19, 20, 21, 27, 31, 38, 41, 44, 45, 50, 5 55, 61, 64, 69, 78, 82, 86, 87, 92, 94, 95 = BNP Desi Studio; 5 a 96 = Teguh Mujiono; 15, 18, 21, 24, 27, 3 39, 42, 45, 48, 51, 54, 57, 59, 62, 65, 68, 71, 74, 77, 8 83, 86, 88, 91, 93 = Dreamzdesigners; 10 = attaphon 16 = mart; 7, 13, 15, 21, 28, 32, 35, 45, 46, 50, 67, 6 74, 82, 82, 87, 88, 90 = Rvector; 92 = yodguard; 73, 7 79, 81 = Igdeeva Alena; 69 = judyjump; 73 = d3ver 89 = Anna Druzhko

COORDENAÇÃO MOTORA

COLEÇÃO APRENDER

TRACE O CAMINHO PARA QUE A JOANINHA CHEGUE ATÉ AS FLORES DO JARDIM.

ALFABETO

LEVE CADA PEIXINHO AO SEU AQUÁRIO.

CUBRA OS TRACEJADOS SEGUINDO A MESMA DIREÇÃO DA PIPA (PARA CIMA) E DO BALÃO (PARA BAIXO).

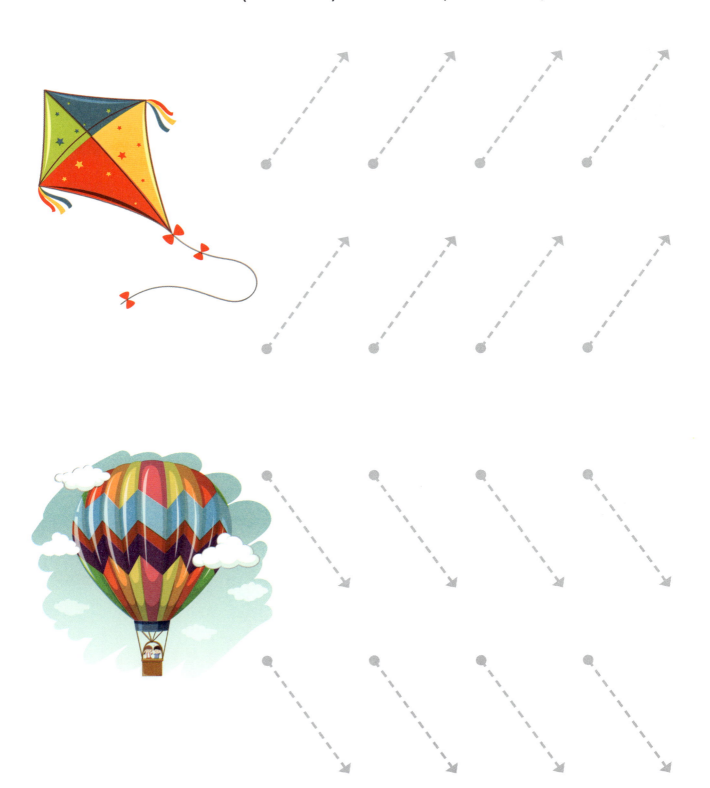

COORDENAÇÃO MOTORA

CUBRA OS TRACEJADOS COM ATENÇÃO PARA COMPLETAR AS DIFERENTES LINHAS.

ALFABETO

ALFABETO

FAÇA A LEITURA DAS LETRAS DO ALFABETO.

A B C D E F G
H I J K L M N
O P Q R S T
U V W X Y Z

ESCREVA SEU NOME NO QUADRO:

CIRCULE AS LETRAS DO SEU NOME NO ALFABETO.

COLEÇÃO APRENDER

AGORA, CUBRA OS PONTILHADOS DO ALFABETO.

A B C D E
F G H I J
K L M N O
P Q R S T
U V W
X Y Z

VOGAIS

VAMOS CONHECER AS VOGAIS QUE AS CRIANÇAS ESTÃO APRESENTANDO. FALE O NOME DAS LETRAS EM VOZ ALTA.

VOGAIS

CIRCULE AS VOGAIS NO QUADRO ABAIXO, DE ACORDO COM A INDICAÇÃO DE CORES.

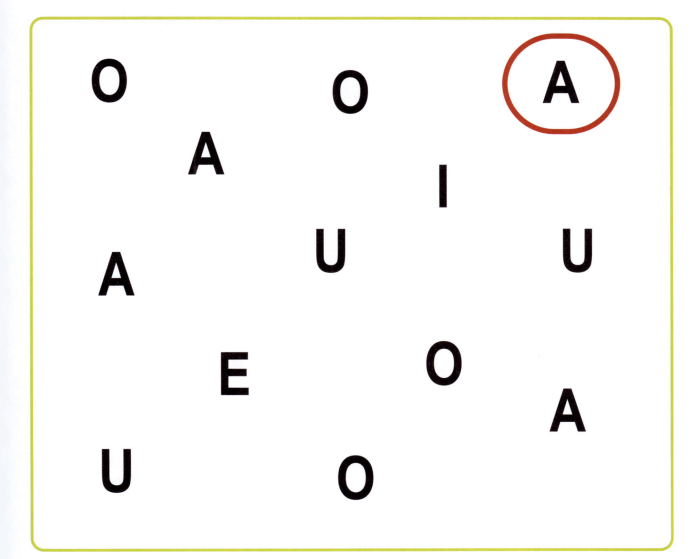

VOGAL A

ABELHA

ARANHA

PINTE DE ROXO TODAS AS VOGAIS A.

 U   I   O

 E   A   U   A

VOGAIS

PRATICAR E APRENDER
VAMOS COBRIR OS TRACEJADOS DA VOGAL **A**.

AVIÃO

ANEL

ÁRVORE

ABACAXI

CIRCULE TODAS AS LETRAS A QUE VOCÊ ENCONTRAR NO NOME DAS FIGURAS.

PINTE APENAS AS FIGURAS CUJO NOME INICIA COM O SOM DA VOGAL A.

VOGAIS

VOGAL E

ESTR**E**LA

EL**E**FANT**E**

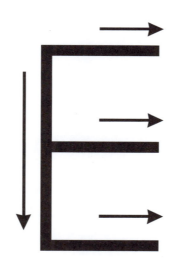

PINTE DE VERDE TODAS AS VOGAIS E.

VOGAIS

ESCREVA NOS QUADROS A VOGAL INICIAL DO NOME DAS FIGURAS.

VOGAL I

IGUANA

IGREJA

PINTE DE VERMELHO TODAS AS VOGAIS I.

 U

 E

 O

 I

 A

 U

 I

VOGAIS

PRATICAR E APRENDER
VAMOS COBRIR OS TRACEJADOS DA VOGAL I.

ILHA

INDÍGENA

ÍMÃ

INJEÇÃO

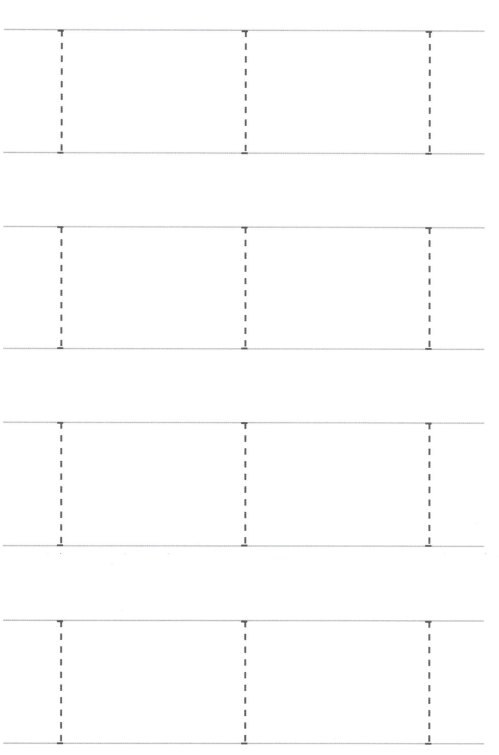

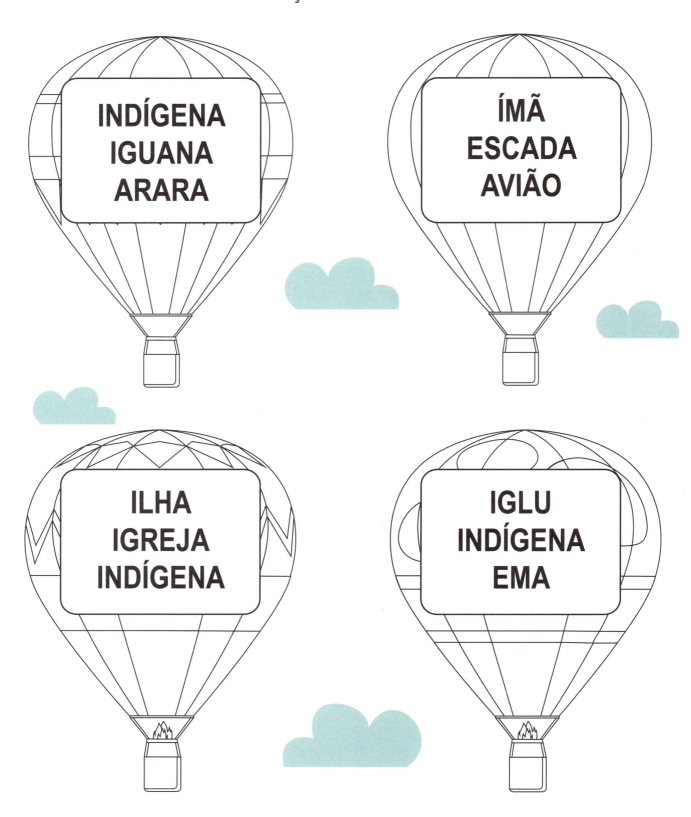

VOGAIS

VOGAL O

OVO

ONÇA

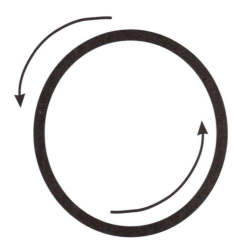

PINTE DE AZUL TODAS AS VOGAIS O.

 E I O

O A A I

23

COLEÇÃO APRENDER

PRATICAR E APRENDER
VAMOS COBRIR OS TRACEJADOS DA VOGAL O.

OSSO

OLHO

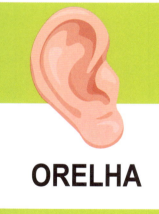
ORELHA

OVELHA

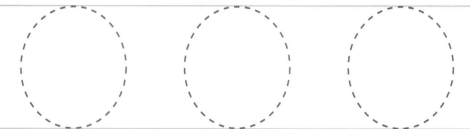
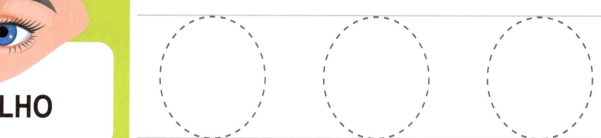
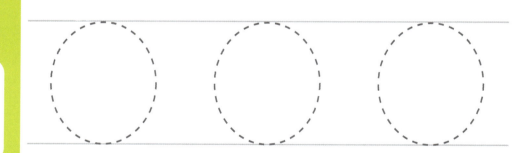
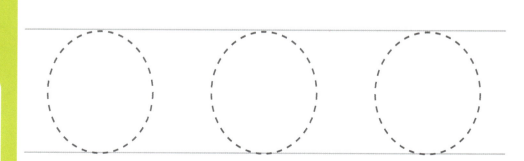

VOGAL U

UVA **URSO**

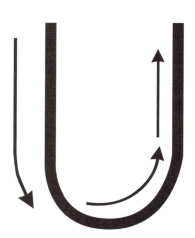

PINTE DE LARANJA TODAS AS VOGAIS U.

PRATICAR E APRENDER
VAMOS COBRIR OS TRACEJADOS DA VOGAL U.

URUBU

UNHA

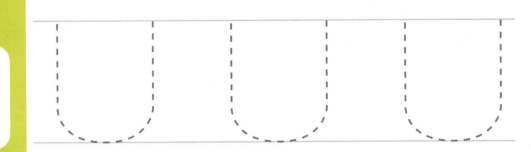

UNICÓRNIO

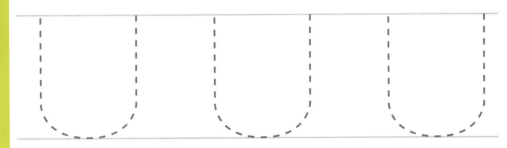

UM

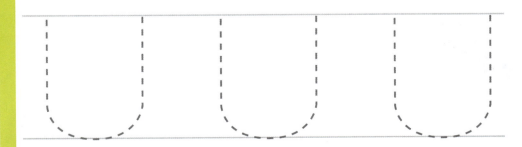

CIRCULE APENAS OS NOMES DE ANIMAIS QUE POSSUEM A VOGAL U.

TATU	CANGURU
ZEBRA	TUCANO
MACACO	COELHO
TAMANDUÁ	LOBO

AGORA, ENCONTRE NO CAÇA-PALAVRAS AS PALAVRAS QUE VOCÊ CIRCULOU.

U	T	A	Á	T	A	T	U
B	C	A	N	G	U	R	U
O	P	U	G	U	X	E	L
T	A	M	A	N	D	U	Á
B	O	T	U	C	A	N	O

VOGAIS

29

ESCREVA UMA VOGAL EM CADA BALÃO QUE A MENINA ESTÁ SEGURANDO.

A - E - I - O - U

COMPLETE O NOME DAS FIGURAS COM AS VOGAIS QUE ESTÃO FALTANDO.

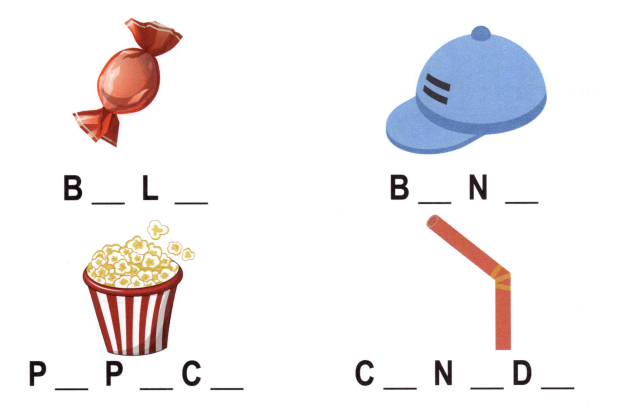

B _ L _

B _ N _

P _ P _ C _

C _ N _ D _

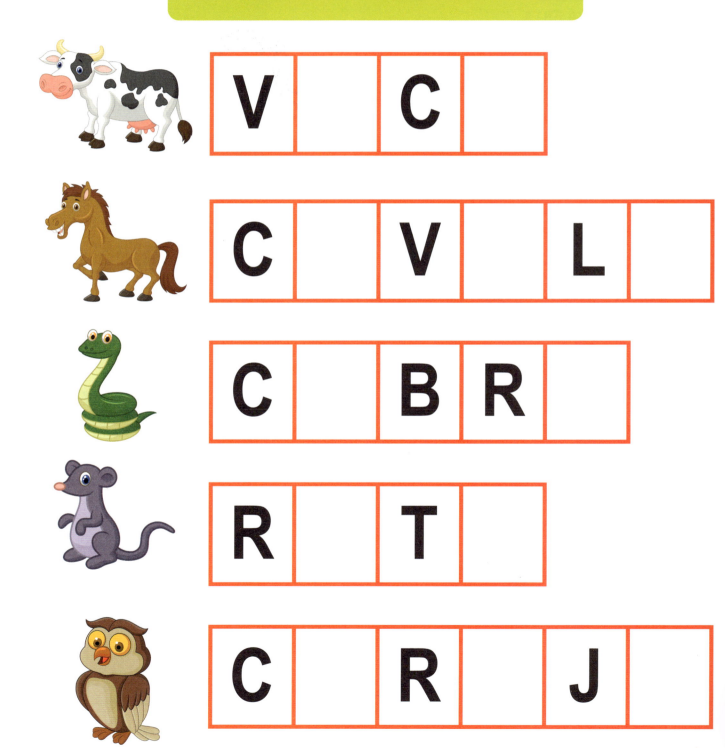

VOGAIS

31

QUAL SERÁ?

PINTE E ESCREVA A LETRA FINAL DO NOME DE CADA FIGURA.

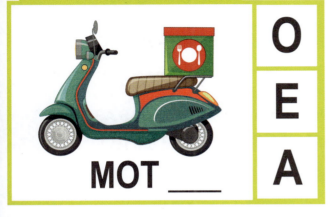
MOT ___
O E A

CORUJ ___
O E A

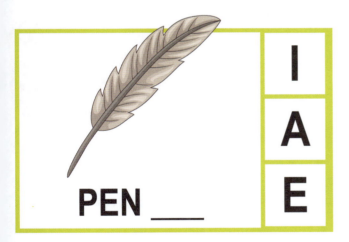
PEN ___
I A E

PER ___
A U O

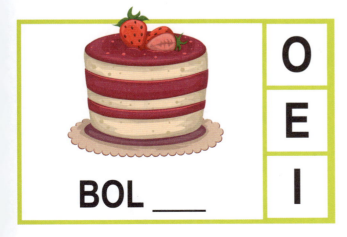
BOL ___
O E I

ÁRVOR ___
O E I

COLEÇÃO APRENDER

ÃO

ESTE SINAL  SE CHAMA TIL. QUANDO USADO SOBRE A VOGAL **A**, ELE INDICA O SOM NASAL.

ENCONTRE NO CAÇA-PALAVRAS AS PALAVRAS QUE TERMINAM EM **ÃO**.

- PÃO
- AVIÃO
- SABÃO
- BALÃO

P	I	P	O	C	A	P	S
B	C	A	N	G	U	Ã	A
A	V	I	Ã	O	X	O	F
L	U	M	L	I	A	U	U
Ã	C	Q	C	A	D	A	T
O	O	T	S	A	B	Ã	O

VOGAIS

33

FALE O NOME DAS FIGURAS EM VOZ ALTA E COMPLETE AS PALAVRAS COM **ÃO**.

LE ___   BAL ___   M ___

CORAÇ ___   LIM ___   FOG ___

SAB ___   P ___   VIOL ___

CONSOANTES

CONSOANTES

APRENDENDO MAIS

LEIA O ALFABETO E CIRCULE AS VOGAIS.

AS LETRAS QUE VOCÊ NÃO CIRCULOU SÃO CHAMADAS DE **CONSOANTES**! CONSOANTES E VOGAIS SE UNEM PARA FORMAR SÍLABAS E NOVAS PALAVRAS.

COLA   BALA

DADO

VIDA

FADA

LETRA B

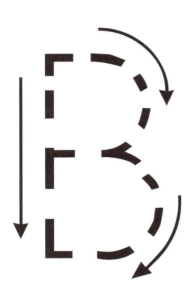

BORBOLETA

PRATIQUE

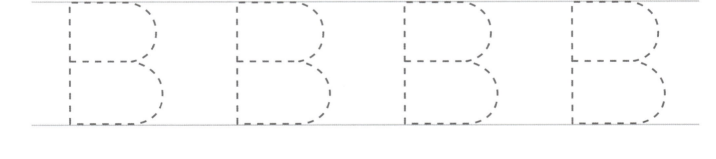

CONSOANTES

SIGA AS SETAS E FORME AS SÍLABAS DA CONSOANTE **B**.

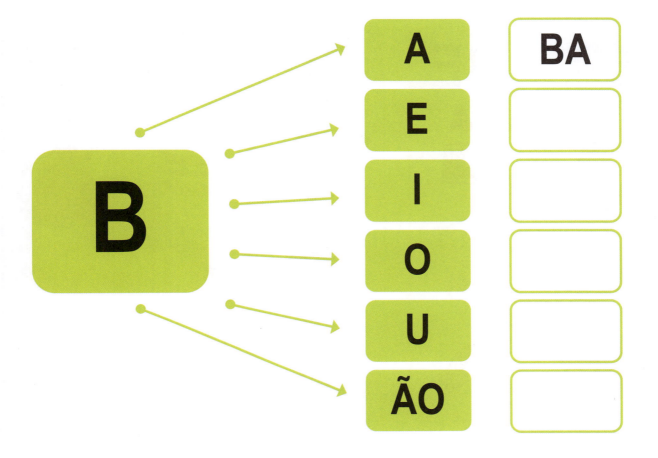

CIRCULE DE AZUL AS SÍLABAS DA CONSOANTE **B** NAS PALAVRAS ABAIXO. VEJA O EXEMPLO.

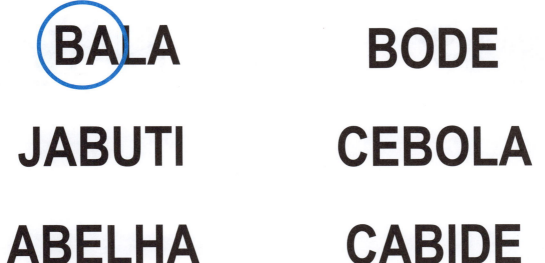

LEIA AS SÍLABAS E CIRCULE AS FIGURAS CUJO NOME INICIA COM O SOM CORRESPONDENTE.

BA	BE	BI	BO	BU

ESCREVA A SÍLABA INICIAL DE CADA FIGURA.

CONSOANTES

39

LETRA C

CAVALO

CENOURA

PRATIQUE

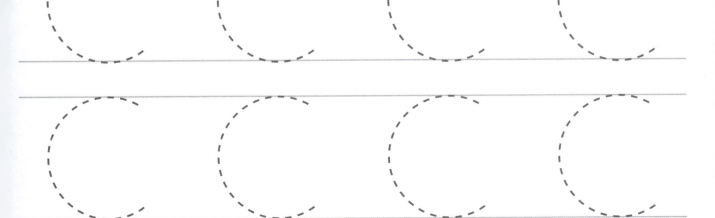

40 — COLEÇÃO APRENDER

CIRCULE AS SÍLABAS DA CONSOANTE **C** QUE APARECEM NO NOME DE CADA CRIANÇA ABAIXO.

CA   CO   CU   CÃO | **CE   CI**

CAMILA   **MÁRCIO**   **CÉLIA**

CAIO   **CURI**

PRATIQUE

| CA | CO | CU | CÃO | CE | CI |

CONSOANTES

FALE EM VOZ ALTA O NOME DAS FIGURAS E ESCREVA SUA SÍLABA INICIAL EM CADA QUADRO.

COLEÇÃO APRENDER

LETRA D

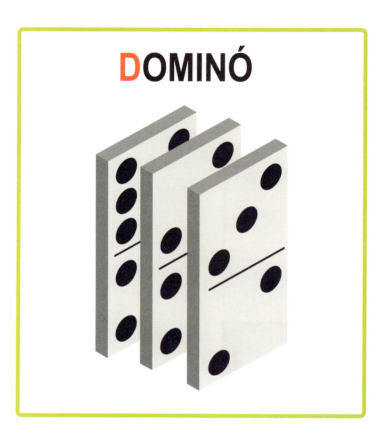

DOMINÓ

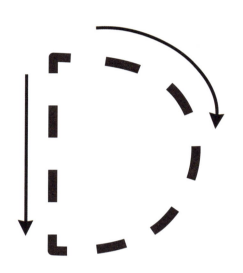

PRATIQUE

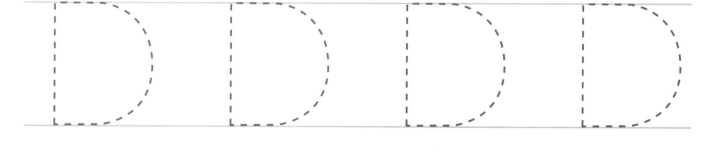

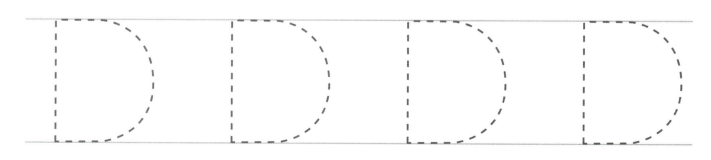

CONSOANTES

SIGA AS SETAS E FORME AS SÍLABAS DA CONSOANTE D.

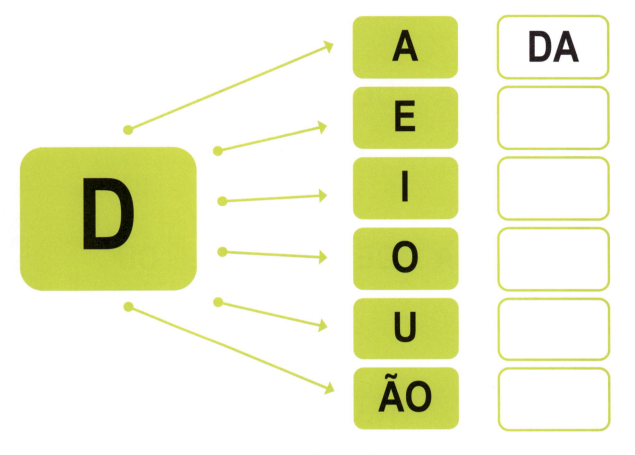

LIGUE CADA FIGURA À SUA SÍLABA INICIAL.

DE DI DA DO DU

FALE O NOME DAS FIGURAS. DEPOIS, CIRCULE E ESCREVA A SÍLABA INICIAL DE CADA UMA.

DA – DE – DI – DO – DU

DA – DE – DI – DO – DU

DA – DE – DI – DO – DU

DA – DE – DI – DO – DU

DA – DE – DI – DO – DU

CONSOANTES

LETRA F

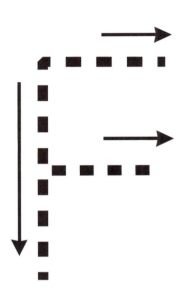

FADA

PRATIQUE

COMPLETE AS PALAVRAS COM AS SÍLABAS INDICADAS EM CADA QUADRO.

| FA | FE | FI | FO | FU | FÃO |

___ DA

BI ___

___ GO

CA ___

___ GUETE

___ TA

CONSOANTES

**JUNTE AS SÍLABAS E FORME AS PALAVRAS.
LEIA TODAS COM ATENÇÃO!**

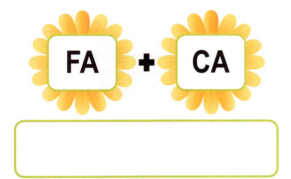

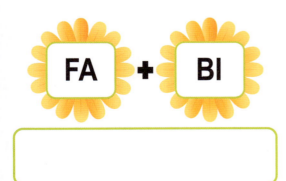

LETRA G

GALO

GELEIA

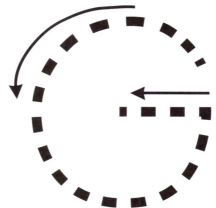

PRATIQUE

CONSOANTES

ESCREVA A SÍLABA INICIAL DAS FIGURAS QUE APARECEM EM CADA GRUPO.

| GA | GO | GU | GÃO | GE | GI |

CRUZADINHA

COMPLETE A CRUZADINHA COM O NOME DAS FIGURAS INDICADAS.

ACOMPANHE A LEITURA E COMPLETE AS FRASES COM AS PALAVRAS DA CRUZADINHA.

A FLORESTA PEGOU

GABI TEM UMA

O DOCE É DE

EU COMI O

CONSOANTES

LETRA H

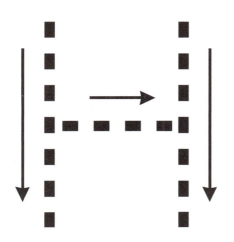

HIENA

PRATIQUE

APRENDENDO

A LETRA **H** NÃO TEM SOM. POR ISSO, QUANDO ELA ESTIVER NO COMEÇO DA PALAVRA, DEVEMOS PRONUNCIAR O SOM DA VOGAL QUE ESTÁ AO LADO DELA.

COMPLETE AS PALAVRAS COM AS SÍLABAS DA CONSOANTE **H**.

| HA | HE | HI | HO | HU | HÃO |

___ MEM

___ TEL

___ LICE

___ RPA

___ POPÓTAMO

___ LICÓPTERO

CONSOANTES

ENCONTRE E PINTE NO CAÇA-PALAVRAS O NOME DAS CRIANÇAS ABAIXO.

H	I	L	D	A	H	E	B	E	S
B	C	A	N	G	É	Ã	A	R	Z
A	V	I	Ã	H	L	O	P	P	P
H	U	G	O	E	I	U	A	N	I
Ô	C	O	C	L	O	A	T	O	T
O	M	T	S	Ô	B	Ã	O	U	Ê

LETRA J

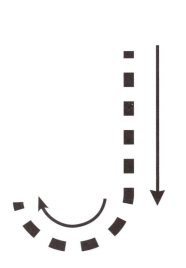

JOANINHA

PRATIQUE

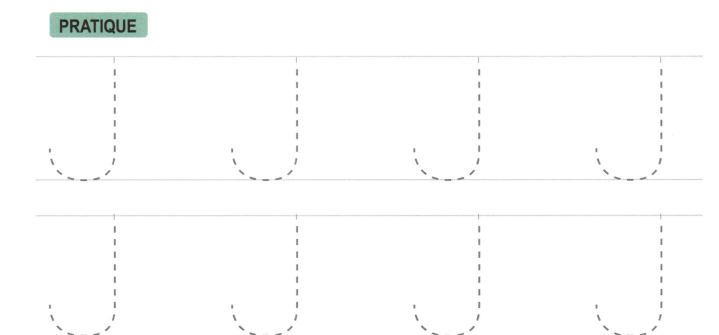

CONSOANTES

COMPLETE AS PALAVRAS CORRETAMENTE COM AS SÍLABAS DA CONSOANTE J.

JA - JE - JI - JO - JU - JÃO

		C	A	R	É

B	E	I		

		N	E	L	A

B	O	T	I		

		I	Z

COLEÇÃO APRENDER

SIGA O EXEMPLO E SEPARE AS SÍLABAS DAS PALAVRAS.

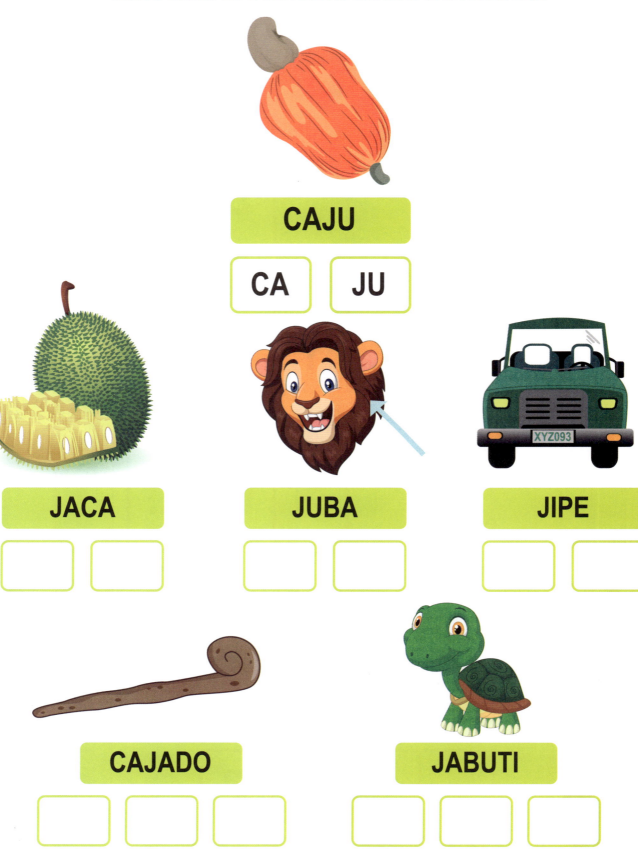

CONSOANTES

LETRA K

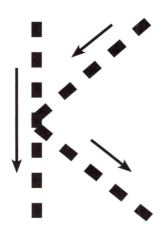

KIMONO

PRATIQUE

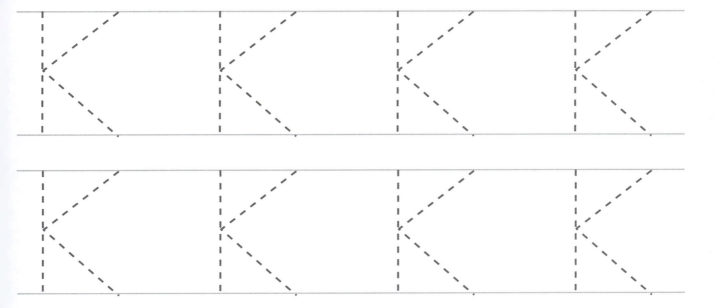

SIGA AS SETAS E FORME AS SÍLABAS DA CONSOANTE K.

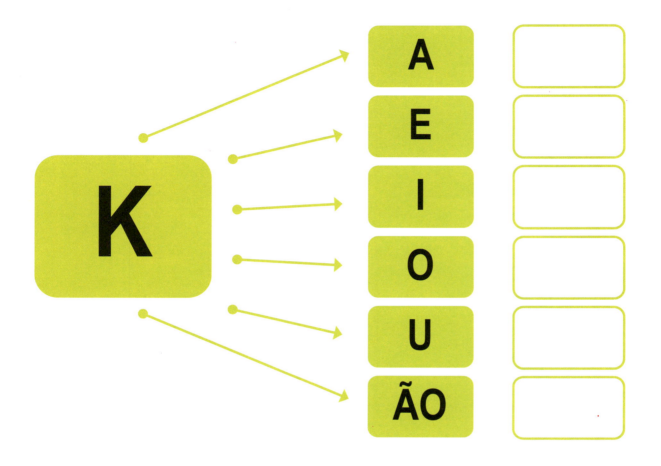

ESCREVA AS PALAVRAS ABAIXO NOS ESPAÇOS.

KETCHUP   **K**ÁTIA

KARAOKE   **K**ART

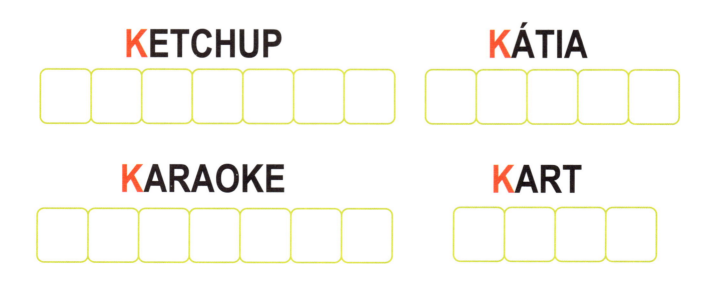

CONSOANTES

LETRA L

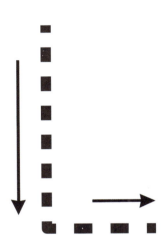
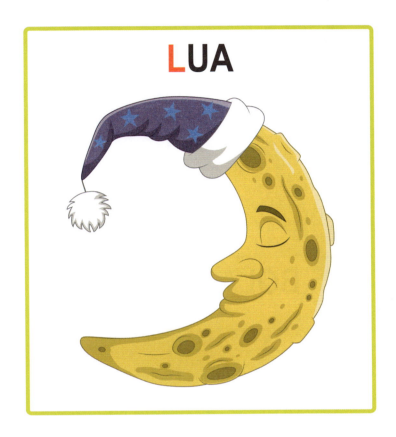

LUA

PRATIQUE

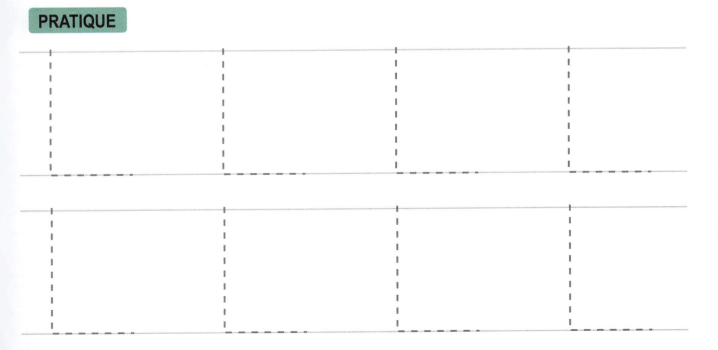

COLEÇÃO APRENDER

FAÇA A LEITURA DAS PALAVRAS E REPRESENTE-AS COM DESENHOS NOS ESPAÇOS ABAIXO.

LA - LE - LI - LO - LU - LÃO

BOLA

LEÃO

BALA

LOBO

LAGO

LUA

CONSOANTES

LEIA AS PALAVRAS E CIRCULE O NOME CORRETO DE CADA FIGURA.

BULE
BULA

BOLA
COLA

BOLA
BALA

LAGO
GALO

PINTE APENAS AS SÍLABAS DA CONSOANTE L E DESCUBRA A FIGURA QUE APARECERÁ.

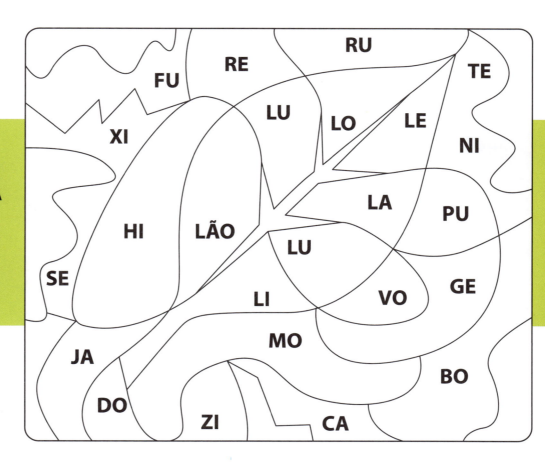

61

LETRA M

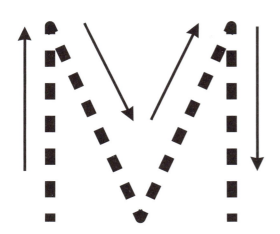

MALA

PRATIQUE

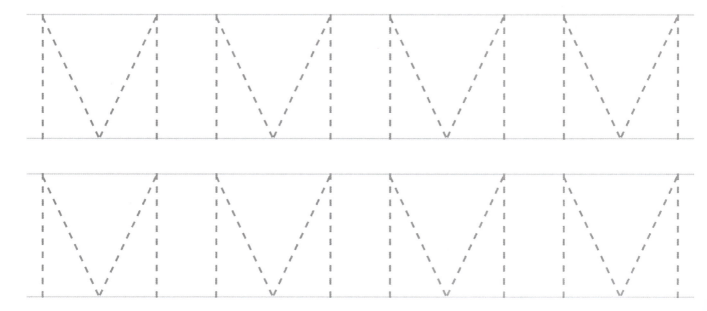

CONSOANTES

63

COMPLETE O NOME DAS FIGURAS COM AS SÍLABAS QUE ESTÃO FALTANDO.

MA - ME - MI - MO - MU - MÃO

___ LA

___ CACO

___ EDA

___ LA

___ NHOCA

CA ___

COLEÇÃO APRENDER

LIGUE AS FIGURAS COM A MESMA SÍLABA INICIAL.

CONSOANTES

LETRA N

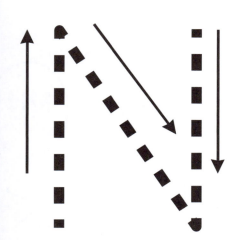

NOVELO

PRATIQUE

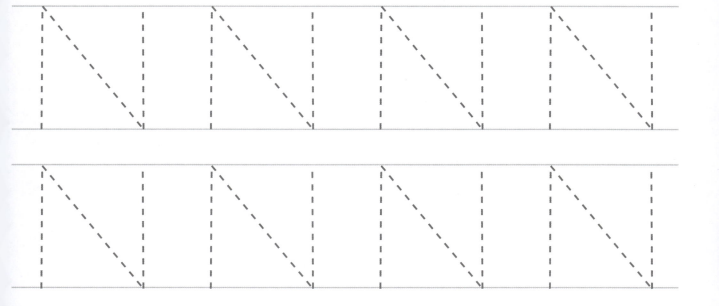

COLEÇÃO APRENDER

PINTE APENAS OS BALÕES COM AS SÍLABAS DA CONSOANTE N.

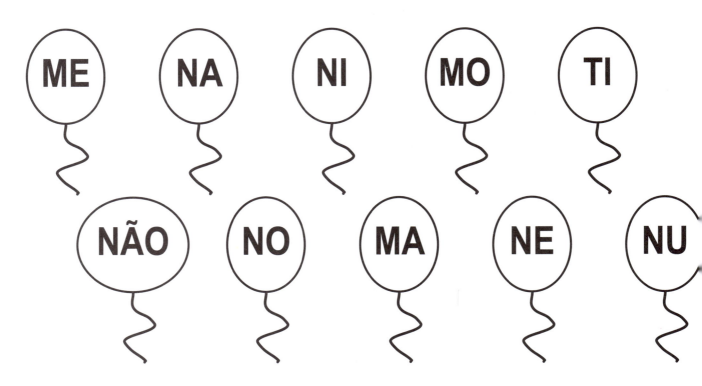

PINTE E ESCREVA AS SÍLABAS QUE COMPLETAM O NOME DE CADA FIGURA CORRETAMENTE.

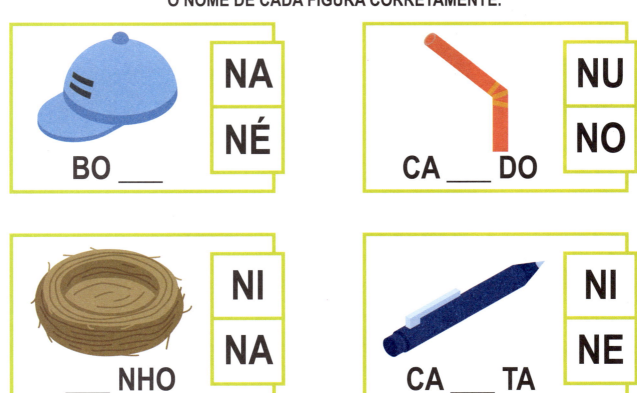

CONSOANTES

ESCREVA O NOME DAS FIGURAS, SEPARANDO AS SÍLABAS CONFORME INDICADO.

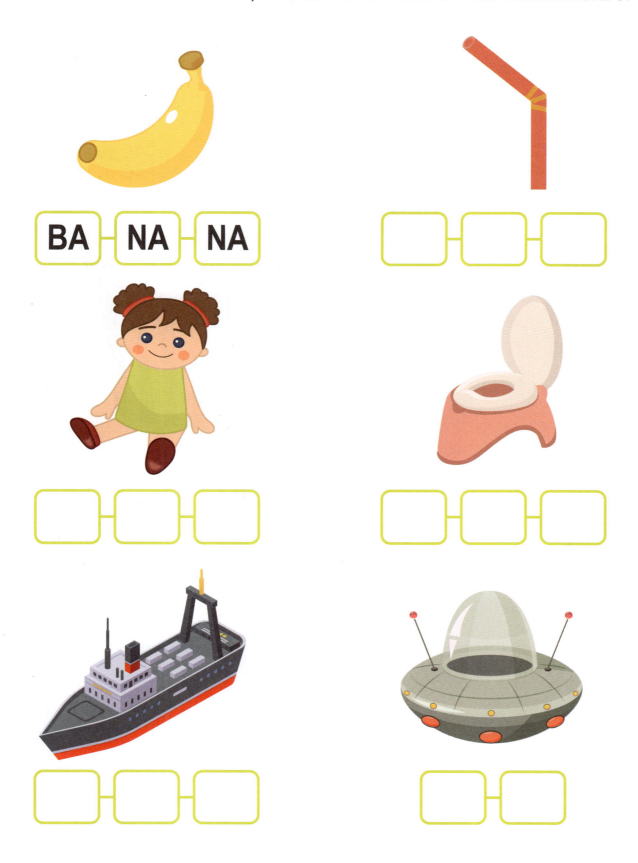

LETRA P

PIPOCA

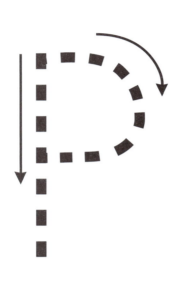

PRATIQUE

CONSOANTES

PINTE AS FIGURAS CUJO NOME INICIA COM AS SÍLABAS INDICADAS.

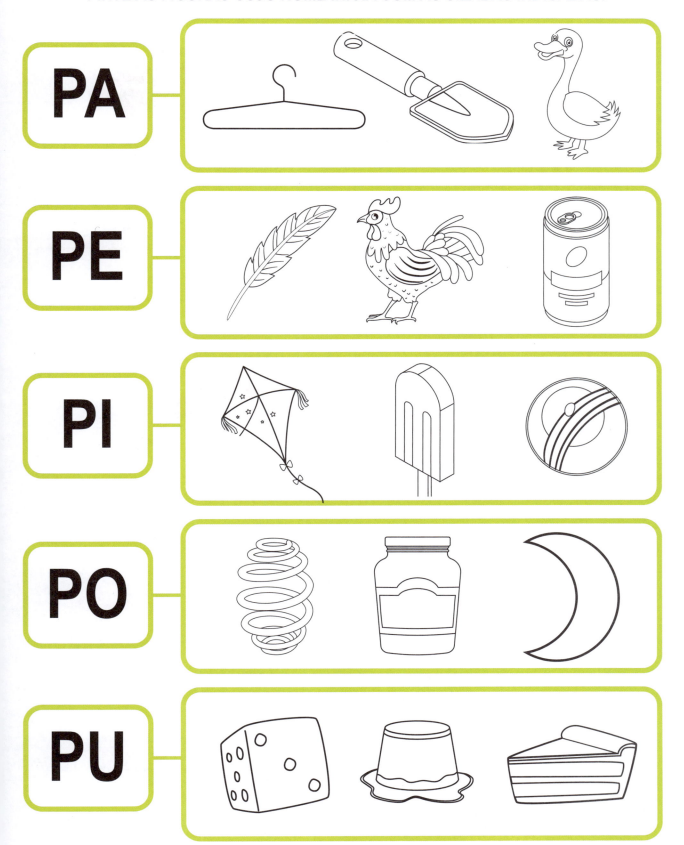

COMPLETE AS PALAVRAS COM AS VOGAIS QUE ESTÃO FALTANDO E, DEPOIS, COPIE AS PALAVRAS NOS QUADROS.

P __ P __ C __

P __ N __ L __

P __ T __ C __

P __ P __

P __ T __

P __ __

CONSOANTES

LETRA Q

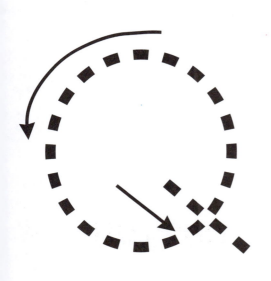

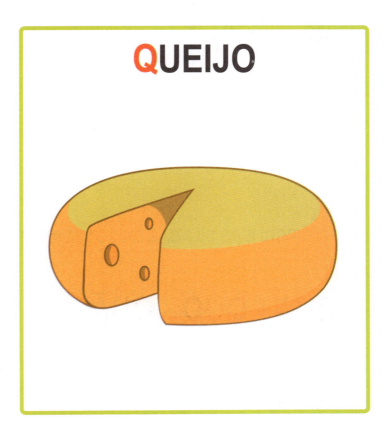

QUEIJO

PRATIQUE

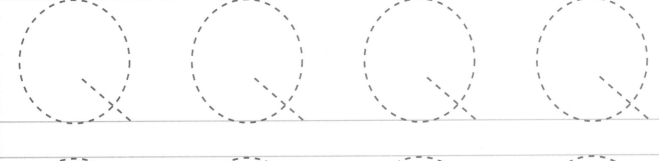

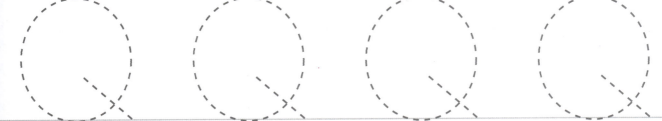

APRENDENDO

USAREMOS A LETRA **U** ACOMPANHADA DA CONSOANTE **Q** (**QU**) PARA QUE POSSAMOS FORMAR AS SÍLABAS.

CIRCULE AS SÍLABAS DA CONSOANTE **Q** NAS PALAVRAS ABAIXO.

QUA - QUO - QUÃO	QUE - QUI
MÁ(QUI)NA	CAQUI
QUATI	AQUÁRIO
PERIQUITO	QUERIDA
QUATRO	MOSQUITO

CONSOANTES

COMPLETE AS PALAVRAS COM AS LETRAS QUE ESTÃO FALTANDO.

Q U I B E
☐ ☐ ☐ B E

L E Q U E
L E ☐ ☐ ☐

Q U I A B O
☐ ☐ ☐ A B O

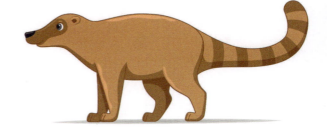

Q U A T I
☐ ☐ ☐ T I

E S Q U I L O
E S ☐ ☐ L O

Q U A D R O
☐ ☐ ☐ D R O

LETRA R

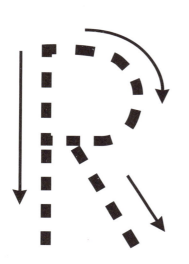

RELÓGIO

PRATIQUE

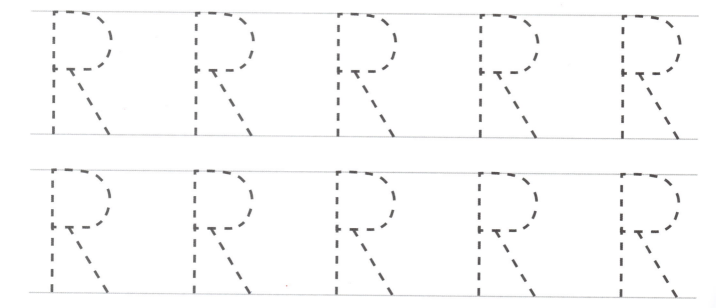

CONSOANTES

LEIA AS SÍLABAS DA CONSOANTE **R** QUE OS RATINHOS ESTÃO MOSTRANDO E COPIE-AS ABAIXO.

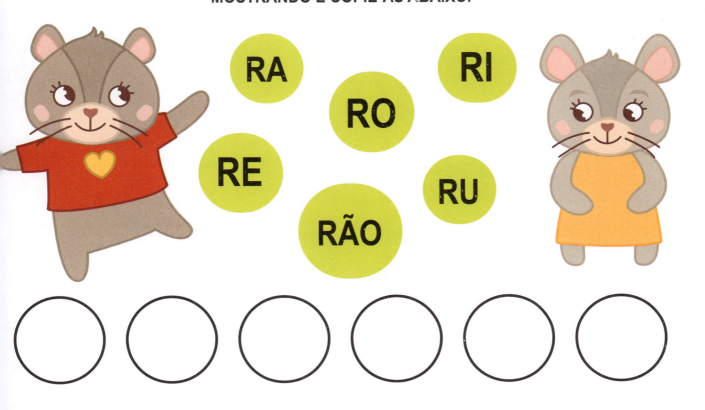

CIRCULE AS FIGURAS CUJO NOME INICIA COM O SOM DA CONSOANTE **R**.

ACOMPANHE A LEITURA DAS FRASES E COMPLETE-AS COM A PALAVRA ADEQUADA.

EU DEITEI NA

A COROA É DO

A MÚSICA TOCOU NO

EU VI UM

CONSOANTES

LETRA S

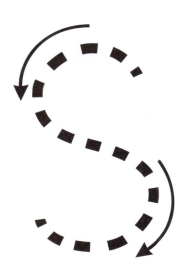

SAPATO

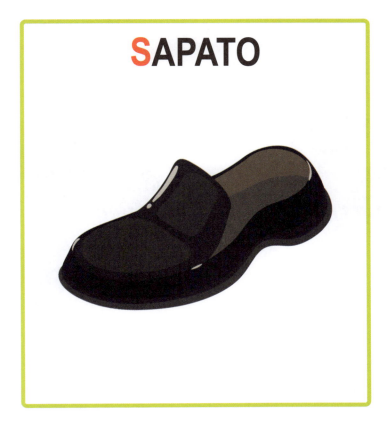

PRATIQUE

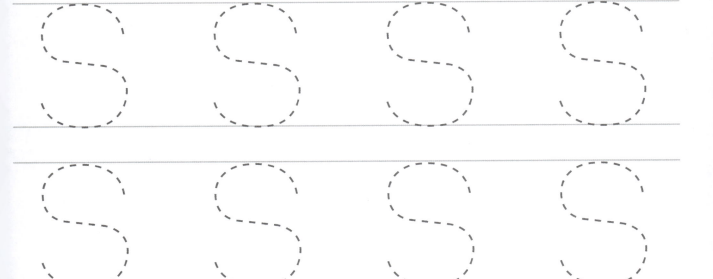

SIGA AS SETAS E COMPLETE AS PALAVRAS COM AS SÍLABAS QUE ESTÃO FALTANDO PARA AJUDAR O SAPO A CHEGAR ATÉ A LAGOA.

SA - SE - SI - SO - SU - SÃO

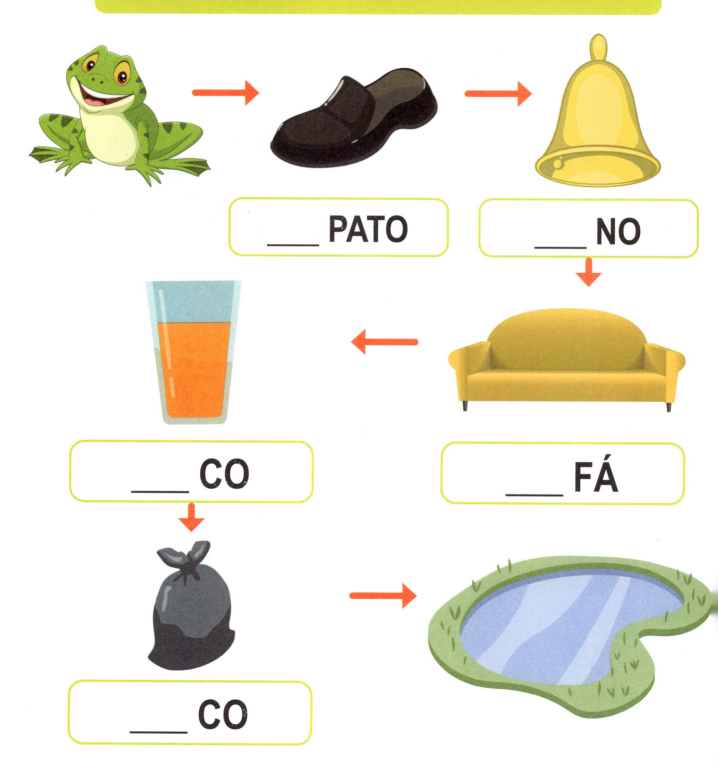

CONSOANTES

PINTE AS SÍLABAS CORRETAS PARA FORMAR O NOME DAS FIGURAS E, DEPOIS, COPIE AS PALAVRAS.

SI	BA	LA
BE	TI	NO

LA	MO	PO
SA	BA	BO

SA	DI	LA
FU	CO	BO

PA	CU	BE
SA	XU	TO

SI	CO	LU
RI	SO	TI

CO	SO	VU
MO	PI	PA

LETRA T

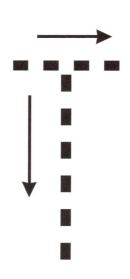

TUCANO

PRATIQUE

CONSOANTES

PINTE NO CASCO DA TARTARUGA APENAS AS SÍLABAS DA CONSOANTE T.

TA - TE - TI - TO - TU - TÃO

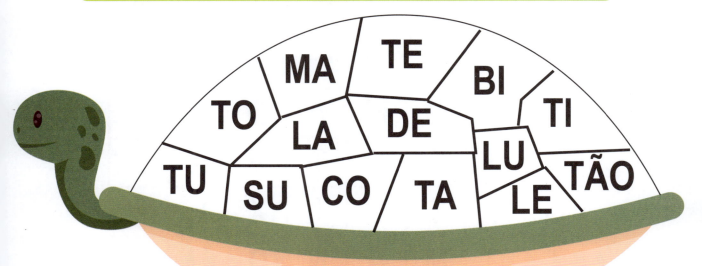

ESCREVA A SÍLABA INICIAL DE CADA FIGURA.

81

COLEÇÃO APRENDER

ENCONTRE NO CAÇA-PALAVRAS AS PALAVRAS INDICADAS E ESCREVA-AS DE ACORDO COM AS FIGURAS.

**TIJOLO - TELA - TATU
TOMADA - TAPETE**

U	T	O	M	A	D	A	U
T	A	P	E	T	E	R	U
O	T	E	L	A	X	E	L
T	U	M	A	N	D	U	Á
B	O	T	I	J	O	L	O

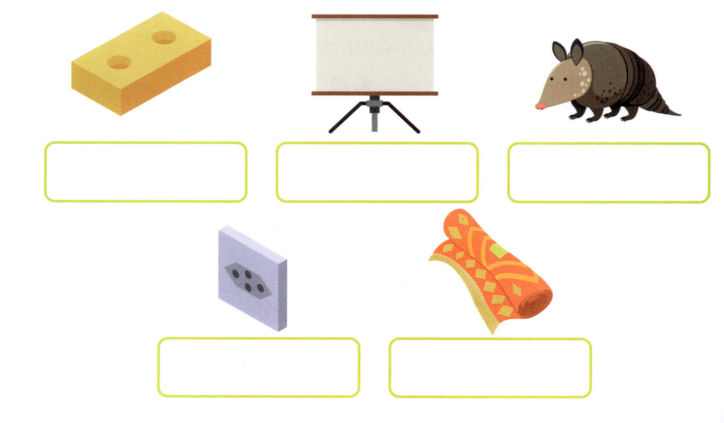

CONSOANTES

LETRA V

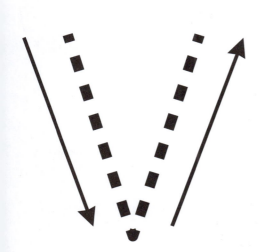

VIOLÃO

PRATIQUE

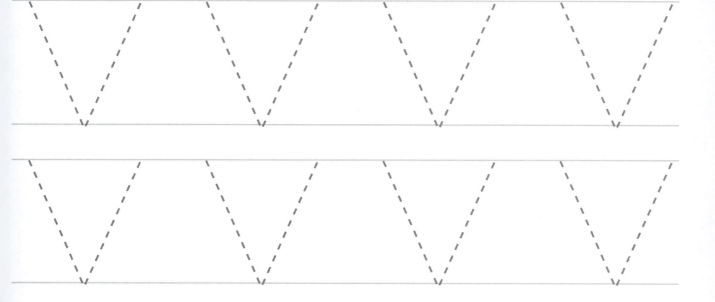

COLEÇÃO APRENDER

MARQUE UM "X" NAS FIGURAS INTRUSAS, OU SEJA, NAQUELAS CUJO NOME NÃO COMEÇA COM O SOM DA CONSOANTE V.

COPIE AS PALAVRAS QUE APARECEM NO QUADRO DE ACORDO COM AS SÍLABAS.

PAVÃO
UVA
VIOLA
OVO
VELA
VULCÃO

VÃO

VA

VU

VI

VO

VE

CONSOANTES

COMPLETE AS PALAVRAS COM AS SÍLABAS QUE ESTÃO FALTANDO.

LETRA W

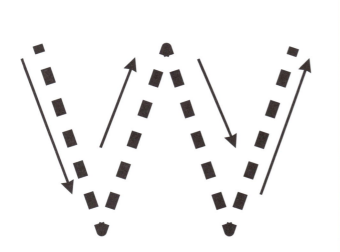

WINDSURFE

PRATIQUE

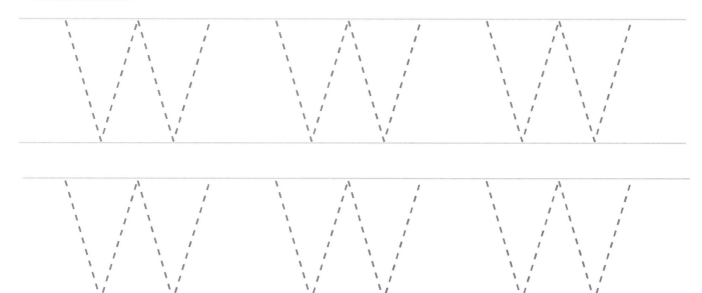

CONSOANTES

APRENDENDO

A LETRA **W** TEM O SOM DE **U** EM ALGUMAS PALAVRAS; EM OUTRAS, TEM O SOM DE **V**.

ESCREVA A LETRA **W** PARA COMPLETAR O NOME DAS FIGURAS.

___ AFER

___ HATSAPP

___ AGNER

___ ILLIAN

___ EBCAM

___ IFI

COLEÇÃO APRENDER

LETRA X

XÍCARA

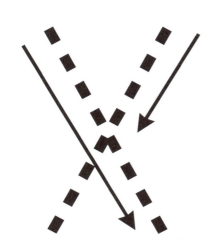

PRATIQUE

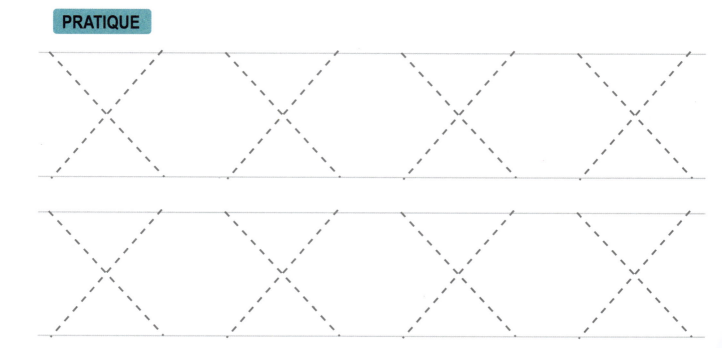

CONSOANTES

PINTE APENAS OS PEIXES COM AS SÍLABAS DA CONSOANTE X.

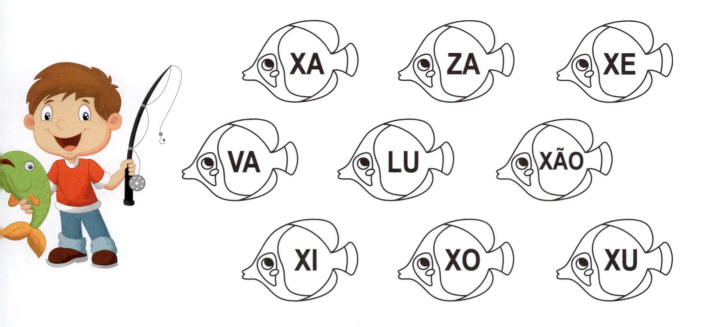

AGORA, COMPLETE A CRUZADINHA.

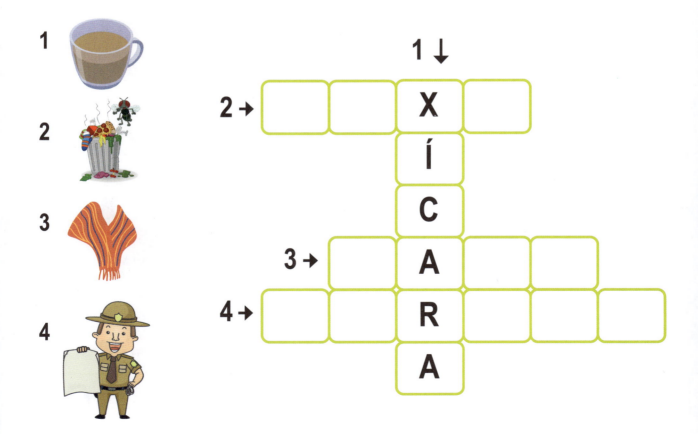

90   COLEÇÃO APRENDER

VAMOS COMPLETAR AS PALAVRAS COM AS LETRAS QUE ESTÃO FALTANDO.

P __ IX __

CAI __ A

__ ERI __ E

ABACA __ I

M __ X __ R __ C __

LI __ O

CONSOANTES

LETRA Y

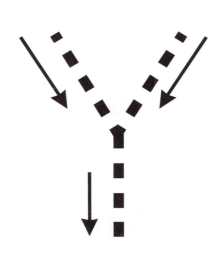

YOGA

PRATIQUE

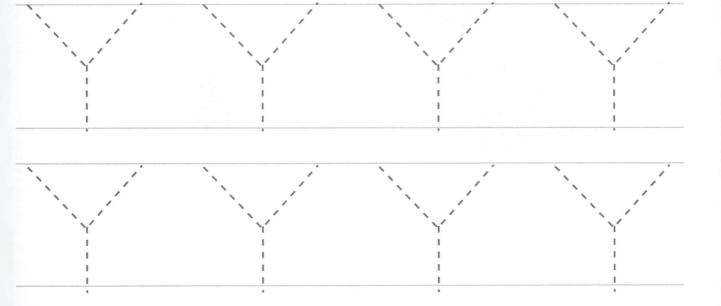

COLEÇÃO APRENDER

APRENDENDO

A LETRA **Y** PRODUZ O SOM DE **I**.

COMPLETE CADA PALAVRA COM A LETRA **Y** E COPIE-A EM SEGUIDA.

__ ASMIM

__ AGO

__ AKISOBA

__ ORKSHIRE

CONSOANTES

LETRA Z

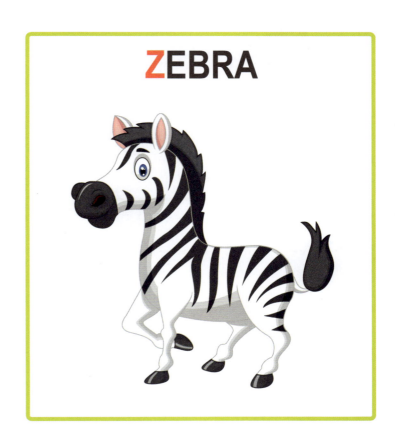

ZEBRA

PRATIQUE

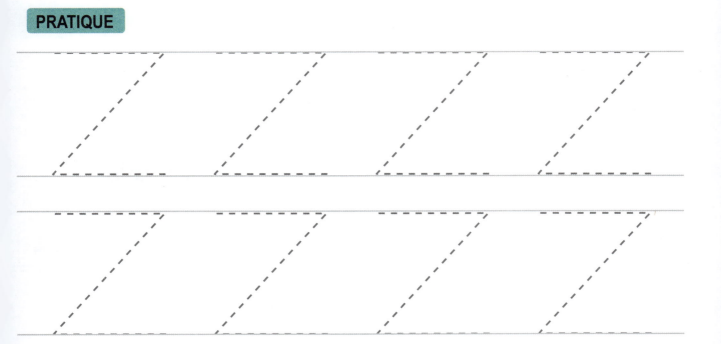

CONSOANTES

FALE EM VOZ ALTA O NOME DAS FIGURAS ABAIXO E OUÇA COM ATENÇÃO O SOM DE CADA SÍLABA PRONUNCIADA. DEPOIS, ESCREVA AS PALAVRAS COM CAPRICHO.

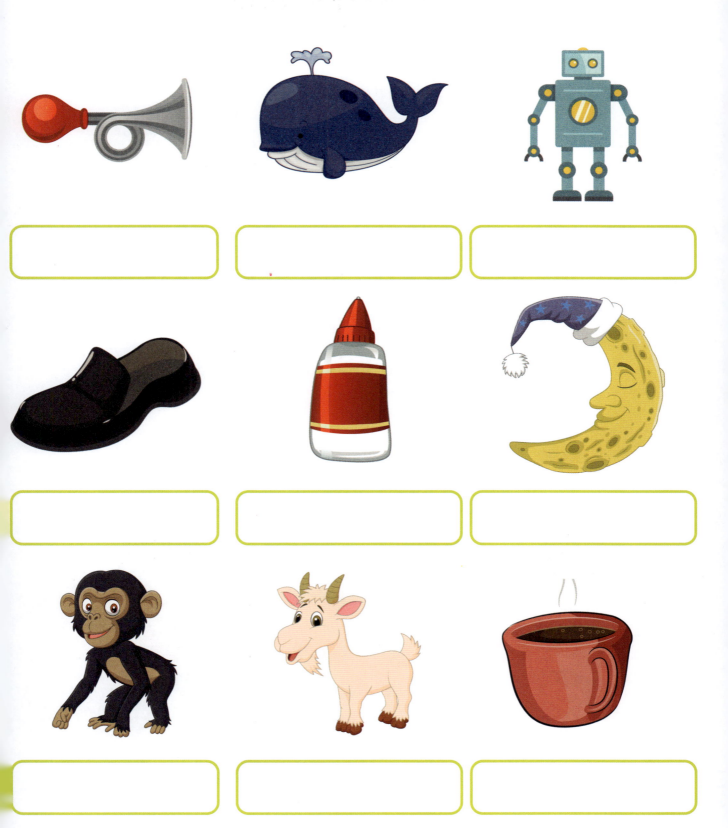

PARABÉNS

VOCÊ CONCLUIU O LIVRO COM SUCESSO!

CONTINUE PRATICANDO A LEITURA E A ESCRITA PARA MELHORAR, CADA VEZ MAIS, SEU DESEMPENHO!

BONS ESTUDOS!